LE VICE-AMIRAL

BARON

DE LA RONCIÈRE-LE NOURY

LE VICE-AMIRAL

BARON

DE LA RONCIÈRE-LE NOURY

NOTICE

ÉCRITE POUR LA SOCIÉTÉ D'AGRICULTURE, SCIENCES, ARTS ET BELLES-LETTRES,
DU DÉPARTEMENT DE L'EURE

PAR

GEORGES L'HOPITAL

Ancien Conseiller d'État, ancien Président de la Société

EVREUX

IMPRIMERIE DE CHARLES HÉRISSEY

1881

LE VICE-AMIRAL

BARON

DE LA RONCIÈRE-LE NOURY

MESSIEURS,

L'Amiral Baron de La Roncière-Le Noury est mort le 14 mai, il y a six semaines.

Depuis le triste jour qui a infligé cette grande perte à la Patrie, au département de l'Eure, aux Assemblées que sa présence et son concours honoraient, aux Sociétés qu'il présidait, à la nôtre qu'il avait présidée et qu'il aimait toujours, le deuil général s'est affirmé sous toutes les formes et unanimement. L'envie, qui s'attache aux hommes supérieurs, la passion, qui poursuit les hommes publics, ont elles-mêmes désarmé ou fait trêve. La presse entière a reproduit les traits de l'Amiral, analysé sa vie, glorifié sa mémoire. Vous avez entendu à Evreux, ou vous avez tous lu les nobles et touchants adieux qui lui ont été adressés par deux Amiraux, l'un, ancien Ministre de la Marine, l'autre, son ancien Chef d'État-Major; par notre concitoyen, le brave Général de division Pellé, interprète si autorisé des sentiments de l'Armée; par l'éminent Sénateur, Président du Conseil général de l'Eure; par le Vice-Président de la Société de Sauvetage des Naufragés, lui-même habitant du département de l'Eure et l'un de ses élus; par le représentant si distingué de la Société de Géographie de France. Ceux d'entre vous, et ils étaient bien nombreux encore, qui ont poussé jusqu'au bout le douloureux pèlerinage de Cracouville, ont recueilli avec émotion les échos de la voix éloquente de M. Raoul Duval, retraçant les bienfaits de celui qu'ils venaient pleurer. Ce n'est pas tout : je sais que l'amitié prépare des notices destinées à fixer le souvenir de nos populations et de nos campagnes, ainsi que celui du personnel et de l'administration de la Marine Française. Pourquoi donc aujourd'hui, pourquoi, dans cette réunion, un article nécrologique de plus?

C'est, Messieurs, que la Société libre d'Agriculture, Sciences, Arts et Belles-Lettres de l'Eure, fidèle d'ailleurs à ses traditions de cinquante ans, voulait consacrer un hommage spécial à cet Illustre, entre ses illustres Présidents. Pour cela, elle n'a pas trouvé suffisant de s'être fait représenter à Paris par l'un des Membres de son Bureau, le Président de sa section d'Agriculture. Elle a désiré marquer une trace plus directe de ses regrets. Et elle a convié pour les traduire un de ses anciens Présidents, non pas, certes, le plus digne, mais celui que lui ont semblé désigner des liens d'amitié, sinon de parenté, aussi anciens que sa propre vie.

J'aurais refusé, Messieurs, s'il se fût agi de politique, ne l'ayant jamais aimée et ne la trouvant surtout point à sa place sur un cercueil. Mais notre Société n'en fait pas et n'en a jamais fait. J'ai donc accepté (pardonnez-le moi), parce qu'il s'agit pour vous comme pour moi, d'une affaire de famille et de cœur.

L'Amiral de La Roncière-Le Noury est bien nôtre en effet. C'est à nous qu'il appartient, sinon par les origines de sa famille paternelle, ou même par son père qui cependant a lui-même bien longtemps vécu et qui est mort dans l'Eure, au moins par son père adoptif, par sa mère, par toute sa famille maternelle, l'une des plus anciennes et des plus notables des environs d'Evreux.

Il est né un peu loin de nous, à Turin, en 1813. La France était partout, alors! Le Général de Division, Comte Clément de La Roncière, avait pour siège de son commandement militaire la ville royale, et habitait le palais des souverains. C'est sur les marches mêmes du grand escalier de ce palais que madame de La Roncière, surprise par les douleurs pendant une promenade en voiture, mit au monde son fils unique, Camille-Adalbert-Marie. Le Général emprunta pour envelopper le nouveau-né la pelisse de l'un des cavaliers de son poste d'honneur, et emporta l'enfant serré dans le seul bras que l'ennemi lui eût laissé.

Voilà de l'histoire. — Voici maintenant la légende. Des contemporains *(nec erat cur fallere vellent)* ont ajouté que la comtesse de La Roncière avait trouvé dans son courage la présence d'esprit de s'écrier, en interpellant les soldats groupés sous le péristyle : « Mes amis, c'est un garçon. Ce sera un brave! » Je ne garantis pas l'authenticité de cette prophétie maternelle, si justifiée qu'elle ait été par la suite. Mais elle n'est pas invraisemblable dans la bouche de la femme du Général de La Roncière, de la sœur du Général Le Noury et des deux Colonels Alexandre et Amédée Le Noury, dont le premier devait bientôt mourir au champ d'honneur, pendant la campagne de France.

Adalbert de La Roncière était sorti depuis cinq ans de l'Ecole navale où ses chefs et ses camarades avaient deviné l'aurore de son bel avenir; il était Enseigne de vaisseau, lorsqu'il devint, en 1836, Adalbert de La Roncière-Le Noury par l'adoption de son oncle maternel.

Je voudrais bien, Messieurs, faire revivre pour vous, et en peu de mots, la physionomie du Général de Division, Baron Le Noury. Elle était très originale et répugnait à toute banalité. Aussi bien, avons-nous encore parmi nous des amis, des parents et des maîtres, qui l'ont bien connu, ayant eu l'honneur de l'accès auprès de lui, accès qui n'était pas toujours des plus faciles.

Ce soldat de la Révolution était un vieux gentilhomme, et très gentilhomme. Il n'aimait guère le monde, et surtout il n'aimait pas tout le monde. Il savait et il entendait réserver au petit nombre d'amis qu'il attirait et au nombre restreint encore des personnes qu'il appréciait en bon connaisseur et dont il faisait cas, la faveur d'un accueil cordial et presque caressant, et toutes les grâces de son esprit. Quant aux importuns, quant aux inutiles, il les écartait dédaigneusement à la manière d'Horace, son poète favori, ou s'ils s'imposaient à lui, il s'armait contre eux de son grand air, de son abord glacial et même de ses sarcasmes, jusqu'à les faire repentir d'avoir forcé l'abri qu'il se faisait des bosquets de son petit jardin, par delà les ornières de sa longue avenue. La brusquerie vis-à-vis des indifférents et des oisifs lui était aussi naturelle que la familiarité digne et bienveillante vis-à-vis des hommes laborieux, par exemple, de ses voisins, cultivateurs et ouvriers ruraux, qui le respectaient en l'aimant un peu, comme ils respectaient en l'aimant beaucoup, sa sœur et compagne inséparable, que les anciens appelaient encore quelquefois Mademoiselle de Cracouville, mais que les pauvres et les enfants connaissaient si bien sous le simple nom de Mademoiselle Henriette.

Le Général Le Noury avait de magnifiques états de service, cela va sans dire. Mais on lui reconnaissait une autre valeur. Il était réputé savant dans le corps savant de l'artillerie. Ses connaissances techniques et sa grande capacité administrative étaient hautement appréciées par le comité d'artillerie qu'il a longtemps présidé. De plus, il avait gardé des écoles réservées à la noblesse, où il avait fait ses humanités avant 1789 avec son cousin et ami intime, M. du Meilet, notre ancien Maire et Député d'Evreux, l'amour des lettres et cette distinction comme cette facilité de l'esprit qui vont si souvent après elles. Aussi ses relations continuées avec le monde officiel, le monde militaire et le monde savant, l'appelaient encore quelques fois à Paris, dans un modeste entresol de la rue de Luxembourg. Mais il leur mesurait le temps aussi court que possible. Il lui fallait sa solitude de Cracouville.

Cracouville était le troisième objet du culte de ses vieux jours. Ai-je besoin de le dire? Les deux premiers étaient d'abord la France, quel que fût son régime ou son drapeau, ensuite la gloire militaire des armées de l'Empire et de la République.

Nous devions, Messieurs, un souvenir au Général Le Noury. Car c'est lui surtout qui a donné l'Amiral de La Roncière-Le Noury au département de l'Eure. Faire de lui son fils unique et son seul héritier devant la loi, c'était sans doute rajeunir à propos le vieux nom de La Roncière. Mais c'était aussi fixer à jamais près de nous les intérêts, les affections et la vie terrestre du marin; c'était lui ouvrir dans l'avenir la perspective des honneurs civils, la Députation, le Sénat, le Conseil

Général. C'était enfin préparer pour Cracouville, le Vieil-Evreux, les communes voisines et notre Ville elle-même, toute une série de bon concours, d'assistance dévouée, de bienveillance spontanée, enfin, de charité chrétienne. Mais cela, le Général n'a pu que le souhaiter, ou tout au plus, le pressentir : il était mort quand son fils adoptif s'est marié.

Vous le voyez, Messieurs, c'est surtout notre concitoyen que j'envisage avec vous. Vous ne me pardonneriez cependant pas si je faisais abstraction complète du marin, du militaire et de l'homme public.

L'Amiral comptait cinquante-et-un ans et demi de services sur terre et sur mer, non interrompus, et terminés par la mort seule, car il avait été maintenu par décret du 19 octobre 1878 dans la première section du cadre en sa glorieuse qualité d'ancien Commandant en chef d'un corps d'armée au siège de Paris. — Aspirant de deuxième classe en 1829, il n'a été promu Vice-Amiral qu'en 1868. Proclamons-le bien haut, à l'honneur de nos institutions militaires, pour arriver au premier grade, au grade le plus élevé, il a fallu plus de trente-huit ans à un homme qui depuis le commencement de sa carrière avait eu pour lui le nom, les amitiés, les protections, le travail, le courage, les aptitudes les plus diverses et (pourquoi ne le dirais-je pas?) la légitime ambition et la ferme volonté de parvenir; à un officier que la notoriété publique avait entouré de bonne heure et constamment, qui avait abordé de si près les hommes d'Etat, les Princes, les Souverains! Dans la Légion-d'Honneur, c'est après plus de vingt-sept ans que le Chevalier est devenu Grand'Croix. Proclamons aussi, mais cette fois à l'honneur de M. de La Roncière-Le Noury lui-même, que les promotions dont il a été l'objet sont venues souvent à la suite et comme couronnement de grands et éclatants services. Ainsi, le grade de Capitaine de vaisseau, en 1855, après le bombardement de Sébastopol et après la bataille de l'Alma à laquelle il assista, ayant exploré dans son canot les embouchures du fleuve, et indiqué à Bosquet le gué par où passa sa division pour exécuter le célèbre mouvement tournant qui décida la victoire. Ainsi, en 1861, le grade de Contre-Amiral, après la station sur les côtes de Syrie, durant laquelle il avait, avant l'arrivée de notre corps expéditionnaire, affirmé si hautement le vieux protectorat de la France sur les chrétiens du Levant, et sauvé tant d'existences à l'ombre de notre drapeau et de la Croix. Ainsi encore le grade de Vice-Amiral, en 1868, quand il venait d'accomplir avec une activité et une rapidité inespérées, l'œuvre difficile du rapatriement de notre corps expéditionnaire au Mexique.

Le collier de Commandeur de la Légion-d'Honneur ne récompensait-il pas, en 1856, les fatigues et le succès du long et rude voyage d'exploration scientifique dans les mers du Nord, entrepris et mené à bonne fin sur la corvette *la Reine-Hortense*, presque constamment au milieu des glaces et des dangers d'une navigation mal connue jusque là?

La plaque de Grand-Officier n'est-elle pas venue, en 1866, après ces manœuvres nouvelles, savantes et toujours heureuses, de la division de Cherbourg, par lesquelles l'Amiral de La Roncière venait d'assurer à son escadre le surnom légendaire de « *l'Escadre des Roches* »?

Quant à sa Grand'Croix, du 8 décembre 1870, reçue devant l'ennemi, aux acclamations de l'Armée de Paris, pourquoi faut-il qu'elle rappelle tant de deuil avec tant de gloire?

Avoir servi son pays et l'humanité sous toutes les latitudes, si loin et si longtemps, avoir attaché son nom à celui de tant de pays et de tant d'événements militaires qui ont intéressé la France pendant un demi-siècle, c'est assurément une belle vie, Messieurs! La Providence a cependant refusé à l'Amiral, après les lui avoir montrées du doigt, plusieurs grandes occasions de luttes ou de succès maritimes; le traité de Villafranca lui a défendu l'entrée à Venise, avec les canonnières qu'il dirigeait dans l'Adriatique. En 1870, les prodrômes extérieurs et intérieurs de nos malheurs l'ont empêché de prendre le commandement pour lequel il était désigné, de cette flotte dont l'action dans la mer Baltique aurait pu changer nos destinées.

Il lui a été donné au moins, comme aux marins retenus sur le sol français, de défendre la Patrie au cœur même de son territoire, à Paris. C'est sans doute par les souvenirs du siège de Paris que l'Amiral de La Roncière-Le Noury vivra surtout dans l'histoire. Lui-même les a consignés dans son ouvrage —*La Marine au siège de Paris* — écrit d'un style rapide, solide, précis, avec toute la netteté de l'homme de guerre, et la modeste simplicité du chef dont la seule pensée est d'élever un monument durable à l'honneur de ses anciens soldats. On y lira donc les glorieux procès-verbaux des combats d'Epinay et du Bourget, et des luttes du fort de Montrouge. On y trouvera la trace et les résultats de cette combinaison si belle et si heureuse, comme si naturelle et si personnelle à l'Amiral, qui a consisté à faire de chacun des forts détachés compris dans son commandement, comme autant de vaisseaux d'une escadre, soumis à la discipline et au dur régime de la guerre maritime. Mais ce que l'Amiral n'a pas dit, c'est qu'il a donné à ses hommes le magnifique exemple qu'ils donnaient eux-mêmes aux autres défenseurs de Paris, exemple de bravoure à toute épreuve, d'abnégation, de vigilance et d'obéissance. C'est qu'il était partout, à pied ou à cheval, inspectant, visitant sans relâche, marchant le premier au feu devant l'ennemi, et déployant cette autorité dans le commandement qui a été, avec le don de se faire aimer, l'une de ses plus grandes forces et de ses plus rares qualités.

Mais rien ne fait mieux connaître la hauteur d'âme du Commandant en chef du corps d'armée de Saint-Denis, rien ne lui a plus mérité l'admiration et la gratitude de sa division de marins, que sa belle lettre au Général Vinoy, à l'heure douloureuse de la capitulation. Vous me saurez gré de la rappeler à votre mémoire :

« Mon Général,

« D'après les termes reproduits ce matin au *Journal* « *officiel*, les forts de Paris doivent être occupés par « l'armée allemande. J'ignore la forme qui doit présider « à notre évacuation. Mais permettez-moi d'insister au« près de vous pour que les plus grands adoucisse« ments soient apportés aux sentiments si douloureux « qu'éprouvent nos marins. Puisque la cruelle néces« sité leur en fait un devoir, ils sauront se résigner. « Ils abandonneront en courbant tristement la tête, « des remparts qu'ils défendaient au nom de la Patrie, « et où bien des leurs sont tombés bravement. Mais « si les lois de la guerre ne s'y opposent pas absolu« ment, permettez qu'ils se retirent avant l'arrivée du « vainqueur.

« Je connais les sentiments de nos hommes. Plu« sieurs officiers sont venus me les exprimer en leur « nom. Il n'a pas dépendu d'eux que leurs forts res« tassent inviolés. Faites qu'ils ne voient pas l'affreuse

« réalité, et veuillez ordonner que les forts soient « rendus par les autorités qui nous y ont reçus à notre « arrivée, c'est-à-dire le commandant de place, les « agents du génie et de l'artillerie.

« Votre cœur de soldat a déjà compris les sentiments « que j'ai le devoir de vous exprimer. Je n'insisterai « pas ; mais jusqu'au dernier moment je compterai « sur une solution qui constituera pour nos braves « marins la dernière récompense qu'ils ambitionnent.

« Je suis, etc.

« Signé : DE LA RONCIÈRE-LE NOURY. »

L'Amiral avait bien fait de compter sur le cœur d'un soldat comme Vinoy. Les forts ne furent remis par les marins français qu'aux soldats français !

Depuis 1871, le dernier commandement en chef que l'Amiral ait exercé est celui de l'Escadre d'évolutions de la Méditerrannée en 1875. Comme autrefois dans l'Escadre cuirassée de la Manche, son pavillon flottait sur le *Magenta*, ce beau vaisseau amiral qui a brûlé depuis, et qu'il a pleuré. A Evreux, mieux qu'ailleurs, on sait quelles circonstances étrangères à la Marine ont mis fin à ce commandement. Ce n'est plus à bord que le plus éminent peut-être des manœuvriers de la flotte devait continuer à la Marine les concours de son expérience et de son dévouement.

Il le reporta avec une activité incessante et une sollicitude infatigable sur la Société de Sauvetage des Naufragés et sur la Société de Géographie de France. La première, qui est pour ainsi dire son œuvre (une grande et belle œuvre), lui doit son organisation presque tout entière. La seconde s'est développée sous sa présidence. C'est sur son initiative, et c'est surtout grâce à ses démarches et à son influence auprès de la ville de Paris, qu'elle a pu se faire au boulevard Saint-Germain, dans l'hôtel bâti pour elle, une installation digne d'elle. Elle lui reconnaît le mérite et l'honneur d'avoir, en 1875, bien peu d'années après nos désastres, réuni à Paris le Congrès international des sciences géographiques qui la faisait elle-même, en ce jour-là, le centre des savants de l'Europe. Elle a eu l'une de ses dernières pensées, l'un de ses derniers regrets. A son lit de mort, Messieurs, nous osions à peine lui annoncer le massacre du colonel Flatters auquel, avant son départ, il avait prodigué avec insistance tant de conseils, hélas ! inutiles, d'une prudence trop nécessaire. Et il a vivement ressenti cette suprême douleur. Les sauveteurs, leur dévouement, leurs dangers et leurs bienfaits, les travaux et les découvertes de la science géographique, le Yacht-Club et ses régates, tout cela, pour notre cher amiral, c'était encore la mer, les marins, la patrie !

Mais M. de La Roncière, militaire avant tout, avait aussi l'étoffe d'un négociateur et d'un diplomate. Il connaissait les choses; il connaissait aussi les hommes. Sans doute, il avait, et même il a toujours gardé sur leur compte, sur leur foi et leur dévouement, ce degré de confiance et d'illusion sans lequel personne n'entreprendrait rien et ne pourrait rien réussir; mais son esprit à la fois droit et fin savait se défier d'eux en leur inspirant confiance. Il était sûr et secret. On avait apprécié déjà, dès sa jeunesse, ces précieuses aptitudes pendant ses deux missions de 1845 et 1847, qu'il avait remplies en Angleterre à un point de vue d'études et d'observations dirigées surtout vers les questions de la Marine. On les utilisa dans un ordre d'idées qui touchait davantage aux intérêts généraux du pays, durant son séjour de deux ans (1847 à 1849), dans les eaux de Constantinople. Il était mûr, lorsque dans l'hiver de 1858 à 1859, le gouvernement impérial l'envoya deux fois en Russie, à la veille de la guerre d'Italie, pour traiter des grandes affaires internationales. Rattachons également aux souvenirs de cette époque la part qu'il prit à la conclusion du mariage fait pour cimenter l'alliance de la France et de l'Italie, celui du prince Napoléon, son ancien compagnon d'études et de navigation dans les mers polaires, avec la noble princesse qui, à la suite de dix années de séjour et de bienfaits dans notre pays, garde la respectueuse admiration des Français, comme ses compatriotes conservent leur respectueuse gratitude à la mémoire de son aïeule et homonyme, Madame Clotilde de France.

Enfin, Messieurs, les populations françaises pour qui la pêche à Terre-Neuve est d'une importance majeure, n'oublient pas comment dans les difficultés avec l'Angleterre, leurs intérêts qui sont ceux de notre commerce, ont été débattus, défendus et sauvegardés par l'Amiral de La Roncière-Le Noury.

Il a eu souvent aussi à faire preuve d'une grande capacité administrative et il a exercé une influence considérable et durable sur l'administration de notre Marine. Je n'aurais aucune compétence pour apprécier ses travaux comme membre du Conseil des travaux de la Marine, comme membre adjoint, membre titulaire et deux fois président du Conseil d'Amirauté, encore moins pour le suivre au Bureau des Longitudes. Mais je dois le signaler comme rapporteur de la Commission qui a été chargée en 1849 de réviser l'ordonnance de 1827 sur le service à la mer, et principal auteur du règlement dont le décret du 15 août 1851 a fait la loi nouvelle de ce service.

Tel fut le premier mandat important que l'Amiral reçut au Ministère de la Marine, de M. le Marquis de Chasseloup-Laubat, dont il fut plus tard le Chef d'État-Major. Le Marquis de Chasseloup-Laubat a été, Messieurs, l'un de ces hommes éminents qui, sans être marins, ont laissé au département de la Marine les plus grands et les plus ineffaçables souvenirs, comme autrefois le Baron Portal, et plus récemment M. Ducos. Longtemps Conseiller d'Etat, plus anciennement Maître des requêtes chargé du Ministère public au contentieux, il avait la science de l'administration comme il en avait l'instinct. Député d'un arrondissement maritime, son pays natal, il avait acquis et il possédait innées l'intuition et la connaissance spéciale des intérêts qui lui étaient confiés. Mais son expérience des hommes lui conseilla de se doubler d'un marin au Ministère de la marine. Il choisit l'Amiral qui, depuis 1861 jusqu'à 1865, a été chargé de la première direction, c'est-à-dire du cabinet du Ministre et des mouvements de la flotte. — Il avait su choisir.

Messieurs, la vie parlementaire de l'Amiral Baron de La Roncière-Le Noury est bien connue du département de l'Eure, qui, lui aussi, l'a choisi. Nous l'avons nommé deux fois, d'abord en 1871, à l'Assemblée Nationale, ensuite au Sénat. Après le siège de Paris son nom s'imposait avec tant de puissance à notre patriotisme, que personne, ni parmi ses électeurs, ni parmi ses collègues, ne s'étonna qu'il sortît le premier de l'acclamation populaire.

Dans les Assemblées législatives comme partout, il a tenu un haut rang. Non pas qu'il ait abordé souvent la tribune. Il se reconnaissait le droit de n'être point orateur. Mais sa réputation et la confiance de ses collègues le désignaient comme membre ou président des commissions importantes, où se fait souvent le travail le plus utile, celui dont on parle le moins et dont la Nation profite le plus. Son cœur a saigné, sans doute, durant les pénibles conférences où l'ennemi marchandait à la commission des Quinze les dures conditions d'une paix indispensable, et pendant les délibérations bien tristes aussi, de cette autre commission des Quinze assistant le Gouvernement légal quand l'insurrection occupait Paris. Car, le seul moyen de ne pas se laisser abattre par de pareilles émotions, c'était de se dire comme l'Amiral a eu plus tard le courage de le dire au pied du monument funèbre de la Maison-Brûlée : « Il faut savoir être vaincu. Savoir être vaincu, c'est savoir se préparer à vaincre. » Mais c'était pour préparer la France à vaincre, que l'Amiral aimait à diriger comme Président les discussions de la grande Commission de la marine, à Bordeaux, et de la section de guerre et marine dans la Commission du budget de 1875, comme Vice-Président celles de la Commission de l'Armée.

Il n'aimait pas moins à mettre son nom, son influence, son activité, au service de son département. Une occasion s'en offrit, critique et solennelle à la fois, au moment même de l'armistice qui permettait l'élection et la réunion de l'Assemblée Nationale. Le Conseil général de l'Eure, dont les membres n'avaient point hésité d'ailleurs à engager leur fortune et leur crédit personnel, et le Conseil municipal d'Evreux, envoyèrent à Versailles une délégation pour demander aux vainqueurs une réduction de l'énorme contribution de guerre imposé au département. L'Amiral était là, et les Allemands (rendons-leur cette justice), considéraient et respectaient les Français qu'ils avaient trouvés en face d'eux sur les champs de bataille. Il se joignit à ses collègues, les introduisit, les appuya chaleureusement, et le succès, un triste, mais précieux succès, s'en suivit. J'en prends à témoins les survivants de cette députation courageuse et dévouée. Il en est encore, Dieu merci! qui m'écoutent ou qui me liront.

Le temps me presse et j'abuserais de votre bienveillante attention que j'ai déjà trop fatiguée peut-être, si j'insistais sur la grande situation au Conseil général de celui de ses illustres Vice-Présidents qui y a représenté avec éclat le canton sud d'Evreux pendant vingt-cinq ans. Hommage ne lui a-t-il pas été rendu par la voix la plus autorisée, celle de M. Pouyer-Quertier, Sénateur de la Seine-Inférieure, mais Président du Conseil général de l'Eure, qui l'a vu à l'œuvre si longtemps et qui, après avoir, en 1878, regretté vivement sa collaboration, pleurait naguère avec tant d'émotion le collaborateur. Je passe, Messieurs! Si à Evreux ou ailleurs, la France ou le corps électoral n'ont pas toujours su ou voulu continuer de demander à l'Amiral de La Roncière tout ce dont il était capable pour le salut, pour l'honneur et pour les intérêts communs, c'est comme Français et comme Ebroïciens qu'il nous faut le déplorer. Quant à lui-même, je le jure, il est toujours resté le même pour tous, et n'a jamais fait défaut à ceux-mêmes qui ont pu changer pour lui.

Paulò minora canamus. Nous sommes à la Société d'Agriculture. Il ne faut pas l'oublier elle-même.

Elle aussi a élu l'Amiral de La Roncière-Le Noury comme l'un de ses membres en 1846, il y a trente-cinq ans, comme Président deux fois, en 1862 et en 1870.

A votre tête, ou dans vos rangs, il a toujours été, comme partout, infatigable. En 1862, à votre séance publique et au concours départemental de Bernay, il accourait du Ministère pour nous apporter les excellents conseils de la vie pratique et de bon sens élevé qui faisaient le fond de tous ses discours. Au printemps de 1870, il trouvait le temps de préparer et de nous faire, dans cet amphithéâtre, sa conférence si intéressante sur les *modernes engins* employés par la Marine, puis de présider, pour l'étude de différentes questions agricoles, notamment des réformes à apporter dans les programmes des concours régionaux, une réunion de l'Association normande à laquelle vous offriez l'hospitalité. Enfin, le 18 juillet 1870, il s'arrachait encore aux préoccupations si graves du moment, pour encourager par sa présence le concours de moissonneuses, organisé à Guichainville sous vos auspices. Vous l'avez vu de même à nombre d'autres réunions agricoles, aux concours départementaux de Beaumont-le-Roger en 1872, d'Amfreville-la-Campagne en 1873, d'Ecos en 1876. J'en oublie sans doute ; il n'en oubliait pas.

Il est pourtant un grand service public pour lequel il s'est prodigué davantage encore peut-être, celui de l'Instruction Publique. Délégué cantonal pour l'instruction primaire dans le canton sud d'Evreux pendant vingt-six ans, de 1852 à 1878, il assistait régulièrement aux séances de la délégation et il se plaisait à visiter les écoles. Il recherchait comme un honneur et il acceptait comme un devoir la présidence des distributions de prix aux élèves, non seulement de notre lycée et de l'école communale d'Evreux, mais à ceux des écoles plus éloignées, dans des localités de moindre importance. Et peu de distinctions dans sa carrière l'ont rendu aussi heureux que son élévation en 1875, au rang d'officier de l'instruction publique.

L'Amiral, Messieurs, était Grand'Croix ou grand officier du plus grand nombre des ordres de l'Europe. Il n'en couvrait jamais son uniforme et ne se parait guères qu'à la française. Mais sur sa poitrine, à côté de son grand cordon de la Légion-d'Honneur, à côté des médailles de Crimée, d'Italie et du Mexique, à la place qu'il regrettait de ne point voir occupée par la Médaille militaire, rarement donnée aux officiers généraux, qui cependant aurait pu appartenir au commandant en chef d'un corps d'armée au siège de Paris, figuraient toujours le ruban violet et les palmes d'or, insignes de l'Instruction Publique.

Ce n'était, pas seulement en effet, par son exactitude qu'il avait mérité cette récompense, c'était aussi par le caractère, si je puis parler ainsi, de son enseignement. Il était bien de son siècle et de son pays, assurément. Car ce qu'il voulait, ce qu'il attendait de l'enfant et du jeune homme, c'était son succès par ses propres efforts, par la valeur que lui-même se serait donnée, par son courage, par sa ferme volonté. C'est en ce sens qu'il entendait (je cite ses paroles) « maintenir comme base de l'instruction et affermir chez « les jeunes gens, l'obéissance et le respect de son « semblable, qui seuls forment à l'art de commander « lorsque, par le travail, on devient plus tard chef à « son tour. » C'est dans ce but qu'il recommandait aux enfants la morale d'abord, l'habitude du travail ensuite, enfin, surtout et toujours, l'obéissance (je cite encore) « sans laquelle il n'y a ni société, ni famille « possible » et l'esprit de discipline. « Après quoi, leur « disait-il, choisissez votre carrière, soyez vous-« mêmes, mais surtout, soyez soldats. »

Toutefois, Messieurs (et je ne dirai pas que je l'avoue, je dirai que je le proclame !), la morale dont il s'agit n'était pas (je cite toujours) « n'était pas celle « que l'on a baptisée du nom pompeux de morale « indépendante, mais celle qui a pour base la Reli-« gion, celle qui enseigne à faire le bien malgré l'in-« térêt personnel, qui commande le dévouement à son « prochain, le renoncement, la pratique de la vertu, « de la vertu, bien autrement nécessaire sous un gou-« vernement républicain que sous tout autre gouver-« nement. »

La Religion, en effet, Messieurs, n'a jamais cessé d'être au fond du cœur de M. de La Roncière. Il n'affichait pas ses sentiments religieux, n'ayant d'ailleurs rien de clérical dans l'esprit, dans les manières, dans les habitudes. Mais il ne les cachait pas, il les exprimait dans l'intimité, et ne craignait jamais de les manifester en public. Combien de fois, par exemple, n'a-t-il pas dit à quelqu'un de nous que de toutes les œuvres de Dieu ou des hommes qu'il avait pu admirer dans les contrées les plus diverses et les plus lointaines, aucune n'avait frappé ses yeux et touché son âme comme le Mont-Saint-Michel, en Normandie, Saint-Michel un péril de la mer, Saint-Michel, la merveille d'architecture militaire et chrétienne, dont les créneaux, les arceaux et les aiguilles semblent toucher de près au ciel et dominent de haut la terre et l'océan, Saint-Michel, l'île inviolée dont les Anglais n'ont jamais pu entamer la virginité nationale !

Ne nous étonnons donc pas qu'à Damville, il ait pu, sans respect humain, engager les instituteurs laïques à inculquer dans le cœur des enfants le beau verset de l'Ecriture : *Initium sapientiœ timor Domini,* et qu'à Evreux, en face de ses concitoyens, il ait rendu aux instituteurs de la doctrine chrétienne ce magnifique hommage : « Je vous ai rencontrés, mes frères, sur « bien des points du globe. *Partout vous faites honneur « au nom français.* Partout vous inculquez aux popu- « lations le respect de la religion, le respect de la

« France. L'un et l'autre sont liés. » Jamais, en effet, l'Amiral (comme il l'a dit ailleurs), n'a séparé la Religion et la Patrie.

La vieille foi du marin ne pouvait donc point faire défaut aux approches de la mort. Le malade ayant gardé jusqu'à la fin l'intégrité et la pleine liberté de son intelligence avec toute l'énergie de sa volonté, a marqué lui-même son heure pour appeler le modeste et saint prêtre qu'il chargea de le préparer au grand voyage d'où l'on ne revient pas.

Une esquisse sur le Baron de La Roncière-Le Noury serait trop incomplète si elle oubliait sa générosité, son hospitalité, sa bienveillance et l'empressement avec lequel il se prodiguait pour rendre service. Je ne parle pas de sa libéralité toujours acquise aux souscriptions publiques et aux établissements utiles, à notre musée, par exemple, qui dès sa fondation et plusieurs fois depuis, a reçu de lui des souvenirs d'outre-mer, intéressants pour la science et précieux par ce qu'ils nous rappelleront qu'Evreux était toujours présent à sa pensée. Mais vous le savez, il était toujours à la disposition de tous pour le bien de chacun ; quelles que fussent ses occupations ou préoccupations, jamais il n'écartait personne. Et si quelqu'un des siens l'avait préservé d'une sollicitation, il en éprouvait une véritable contrariété, et allait chercher le solliciteur qu'on avait éloigné de lui. Il se tenait pour l'obligé de qui recourait à son obligeance. Aussi, que de situations n'a-t-il pas faites, maintenues ou rétablies? Combien n'a-t-il pas fait réussir de demandes auxquelles le demandeur lui-même ne croyait aucune chance de succès? On le sent bien maintenant dans tous les établissements de la Marine, dans le réseau des chemins de fer de l'Ouest, dont il était administrateur, dans nos villes et dans nos villages, et l'on se dit : Il n'est plus là!

Ce ne sont point, du reste, les individus seuls, c'est le pays tout entier qui est atteint par la disparition d'un tel homme. Lorsque la mort le lui enlève, tout le monde s'incline sous le coup, sans distinction de partis, d'opinions, de sentiments. A la place Vendôme, pendant la longue agonie de l'Amiral, les républicains et les hauts fonctionnaires de la République ont pu se rencontrer avec les Princes, comme les hommes indifférents ou hostiles à la Religion avec les Princes de l'Église. Le Président de la République faisait inscrire sa maison et envoyait de l'Elysée pour prendre des nouvelles, comme l'Impératrice du fond de son douloureux exil et comme les Ambassadeurs au nom de leurs Souverains. Après sa mort, le Sénat accueillait par un assentiment unanime les paroles de son Président proclamant que « l'Amiral de La Roncière-Le Noury « avait été toujours *un bon serviteur et parfois un* « *grand défenseur de la Patrie.* »

A Paris, aux obsèques où sont venus les députés de l'Eure, le représentant officiel du Président de la République, occupait dans l'église la place d'honneur réservée au chef de l'Etat, pendant que le prince Napoléon, son ami de tous les temps et ses deux fils, le prince Victor et le prince Louis que l'Amiral avait vus naître, faisaient à sa famille l'honneur de se placer avec elle. Enfin, à Evreux, où la cérémonie des funérailles n'avait cependant plus le même caractère officiel, les officiers, les soldats de notre garnison ont apporté l'hommage de leur présence individuelle. L'Administration Départementale elle-même figurait en corps à côté de l'homme éminent qui est en ce moment notre seul Sénateur, à côté du Président et des membres du Conseil Général, à la tête de cette foule innombrable venue de la ville et de la campagne, qui, par son silence et son attitude respectueuse, témoignait un deuil général. Qu'ils soient remerciés et du fond du cœur, tous ceux qui ont su s'honorer eux-mêmes en honorant notre cher et illustre concitoyen !

Maintenant, Messieurs, *pro patriâ adhuc alterum* ! Vous connaissez la devise des La Roncière. Peut-être n'en connaissez-vous pas tous l'origine. Elle vient du champ de bataille d'Eckmühl. Le Général de La Roncière, grièvement blessé dans une charge de cavalerie, puis amputé d'un bras, mais fait Général de division et Comte après la victoire, fit dire fièrement à ses armes parlantes : « Il me reste encore un bras au ser- « vice de la Patrie ! » La Patrie à présent vient de faire une grande perte. Puisse-t-elle, sans l'oublier jamais, la réparer bien vite ! Puisse le département de l'Eure lui-même donner à l'Amiral, non pas un seul, mais bon nombre d'émules dans la voie qu'il lui montrait lorsqu'il encourageait nos enfants à prendre le goût et à apprendre le métier des armes ! Puisse son exemple en tout ce qu'il a fait au service de la Patrie être suivi par la génération nouvelle ! C'est elle qui doit répondre au cri : *Pro Patriâ adhuc alterum* (encore un pour la Patrie), par le cri : Tous et toujours pour la Patrie ! *Pro Patriâ semper omnes !*

www.ingramcontent.com/pod-product-compliance
Ingram Content Group UK Ltd.
Pitfield, Milton Keynes, MK11 3LW, UK
UKHW021057270726
13967UKWH00012B/2504